SOUVENIRS

DE

LA GUERRE DE 1870-71

CONFÉRENCE

Faite le 25 Mai 1888

AU SIÈGE DE L'ASSOCIATION DES DAMES FRANÇAISES

PAR

Mme Coralie CAHEN

2me Edition

ASSOCIATION DES DAMES FRANÇAISES

SECOURS AUX MILITAIRES BLESSÉS EN CAS DE GUERRE

AUX CIVILS EN CAS DE CALAMITÉS PUBLIQUES.

24, Boulevard des Capucines, 24

RENSEIGNEMENTS

Pour devenir Membre de l'Association, il suffit de payer une cotisation annuelle de 10 fr. ou 20 fr. qu'on versera au Secrétariat, 24, boulevard des Capucines, contre un reçu détaché d'un registre à souches.

BIBLIOGRAPHIE.

1° *Sociétés et appareils de Secours aux blessés militaires*, avec de nombreuses figures et planches, par le Dr GRUBY, membre du Conseil de l'Association.

2° *L'Ecole des Garde-Malades et des Ambulancières*, par les Professeurs de cette Ecole. Cet ouvrage utile à toutes les mères de famille, contient un abrégé d'anatomie humaine, des notions d'hygiène, les premiers soins à donner aux blessés, les soins généraux à donner aux malades, aux nouveaux-nés, aux femmes en couches, aux vieillards, l'art de pratiquer les pansements et les bandages, de préparer les médicaments usuels, etc.

Prix **5** *fr. au Siège de l'Association.*

3° *Conférences sur le Choléra*, par le Dr DUCHAUSSOY. *Prix :* **0** fr. **50**.

4° Grand nombre de Conférences et de Comptes rendus annuels, par les Présidents des Comités.

5° Conférence faite à l'Hôtel Continental en 1887, par M. JULES SIMON, de l'Académie française. *Prix :* **0** fr. **50**.

6° Conférence de M. FRANCK, de l'Institut, sur *le Rôle de la Femme dans les Sociétés modernes. Prix :* **0** fr. **50**.

7° Conférence de M. Alph. GUÉRIN, de l'Académie de Médecine, sur les *Pansements modernes. Prix :* **0** fr. **50**.

SOUVENIRS

DE

LA GUERRE DE 1870-71

CONFÉRENCE

Faite le 25 Mai 1888

AU SIÈGE DE L'ASSOCIATION DES DAMES FRANÇAISES

PAR

Mme Coralie CAHEN

2me Edition

ASSOCIATION DES DAMES FRANÇAISES

SECOURS AUX MILITAIRES BLESSÉS EN CAS DE GUERRE

AUX CIVILS EN CAS DE CALAMITÉS PUBLIQUES.

24, Boulevard des Capucines, 24

CONFÉRENCE

faite, au siège de l'Association, le Vendredi 25 Mai 1888,

Par Mme Coralie CAHEN.

Mesdames, — je suis très émue et un peu effrayée, car je n'ai jamais parlé devant dix personnes réunies ; il m'est arrivé souvent de m'entretenir avec des amis, de parler des événements de la guerre, mais toujours sous forme de conversation, et c'est à la suite d'une de ces conversations que votre éminente Présidente a bien voulu me demander de refaire devant vous le récit des faits qu'elle m'avait entendue conter. J'ai accepté parce que j'ai cru tout d'abord, je l'avoue, qu'il ne s'agissait que de quelques Dames du Comité ; puis j'ai appris, j'ai vu qu'il s'agissait d'une Assemblée beaucoup plus nombreuse et c'est alors que j'ai été effrayée ; cependant, comme je suis brave, je n'ai pas voulu reculer.... (*Applaudissements*).... mais je vous demande toute votre indulgence et, comme le sujet que j'ai à traiter nous tient à toutes très fortement au cœur, je compte sur votre sympathie. (*Nouveaux applaudissements*).

La campagne que j'ai faite et qui a duré environ deux ans a été partagée en trois périodes : *Metz*, *Vendôme* et enfin trois voyages en *Allemagne*, après la guerre.

En ce qui concerne Metz. je passerai assez rapidement, parce qu'il s'agit d'événements un peu plus connus que les autres. C'est cependant par Metz que j'ai débuté ; je m'y suis trouvée le jour de la première bataille livrée le 14 août, à Borny. On m'arrêtait dans la rue et on me demandait d'aller au secours des blessés ; on me racontait qu'ils étaient couchés le long des routes, dénués de tout. Il était neuf heures du soir et je ne savais comment faire, car je n'avais rien de ce qu'il m'aurait fallu. Je me rappelais pourtant que la Société de secours aux blessés possédait des brancards qui avaient été déposés dans la caserne du Génie. Je m'adressai alors à un officier de mobiles et je lui demandai de me donner des hommes sûrs. Il m'en donna vingt environ et nous partîmes chercher les brancards, puis nous avons traversé la ville et, réunis en petite troupe, nous nous sommes dirigés vers la porte des Allemands, qu'on me disait encombrée de blessés. En effet nous rencontrions en route des malheureux couchés par terre, ne pouvant pas aller plus loin. Ceux qui n'étaient que fatigués, on les réconfortait ; à ceux qui étaient blessés, on donnait d'abord le nécessaire, puis on les plaçait sur un brancard et deux de nos hommes les rapportaient dans Metz.

Pour arriver plus vite à Borny même, où l'on s'était battu, nous traversions des terres labourées ; l'armée faisait, à ce moment, un grand mouvement sur Metz ; nous nous trouvions, à chaque instant, arrêtés par des cris de « Qui vive ? » — Je m'avançais seule, je répondais, craignant toujours que l'on tirât sur le petit groupe d'hommes qui m'accompagnait, et je disais quelle était ma mission. Une grande émotion se produisait alors, tout le monde se découvrait sur notre passage et j'étais moi-même profondément impressionnée par ce début.

Nous sommes enfin arrivés à Borny ; là j'ai trouvé la première ambulance de la Société de secours aux blessés qui était partie à la suite de l'Empereur, mais qui, entendant le canon, était revenue. Il y avait une énorme quantité de blessés, dans les rues, dans l'église, partout. Nous avons fait ce que nous avons pu pour soulager tous ces malheureux ; puis, on a reçu l'ordre de faire évacuer rapidement le village. On supposait qu'une nouvelle attaque aurait lieu vers le point du jour. Des prolonges, des cacolets, tous les moyens de transport et de locomotion possibles, avaient été rassemblés. On a chargé tous les blessés et nous sommes ainsi rentrés dans Metz avec cet immense convoi de blessés poussant des cris et des gémissements. Par instants, on était arrêté par les mouvements de l'armée ; à d'autres moments, les régiments s'arrêtaient pour nous laisser passer. Nous arrivâmes à Metz vers cinq heures du matin et, dans la caserne du génie, transformée en ambulance, j'avais autour de moi plus de 600 blessés... Quand je dis *moi* je n'entends pas dire que j'étais seule ; beaucoup de Dames de la ville étaient accourues et je vous assure qu'elles ont été admirables de dévouement. (*Applaudissements*).

Nous avons fonctionné ainsi pendant quelque temps. Plus tard, des médecins civils ont fait complètement le service et nous avons obtenu alors du maire de la ville, M. Maréchal, un autre emplacement : le jardin Fabert ; nous y avons installé une ambulance dans un grand baraquement en planches qui servait habituellement aux expositions horticoles ; nous avons également dressé des tentes et nous soignions ainsi environ 300 malades.

Le siège s'est passé comme vous savez, Mesdames. Nous avons beaucoup souffert et beaucoup pleuré, car il nous semblait que nous assistions à l'agonie d'un être bien cher ; dès les premiers jours on avait senti que le cas était désespéré et, à partir du 20 août déjà, nous n'avions plus d'espoir. Nous savions que la fusillade, dont nous entendions le roulement, nous ramènerait des blessés, mais nous sentions qu'elle ne nous ramènerait plus ni la victoire, ni même l'espérance.

Enfin, la capitulation est arrivée ; j'ai fait aussitôt évacuer de l'ambulance tous les blessés ; on a envoyé au dehors de la ville ceux qui entraient en convalescence ; quant à ceux qui étaient encore trop malades pour partir, ils ont été réintégrés dans les hôpitaux de la ville redevenus libres parce que ceux qui les occupaient avaient été envoyés aux environs de Metz.

*
* *

J'ai entrepris alors un voyage très long, très difficile, mais qui ne présenterait pour vous qu'un médiocre intérêt, parce qu'il ne s'agit là que d'une question personnelle, et je suis arrivée à Tours. Je voulais me rendre compte de l'endroit où je pourrais être le plus utile, et, justement la délégation de la Société de secours aux blessés venait de recevoir une lettre du maire de Vendôme qui appelait au secours. Des régiments de mobiles avaient passé là ; le pays était ruiné, sans ressources, et les batailles se rapprochaient ; on sentait que Vendôme allait devenir un centre d'ambulance extrêmement important. On n'avait rien pour faire face à une telle éventualité.

Je suis partie alors pour me rendre un compte exact des nécessités et j'ai passé toute une journée dans Vendôme à parcourir la ville en compagnie du maire, M. Moisson, et du sous-préfet, M. de Marsay. J'ai visité les établissements militaires, les casernes pour voir où je pourrais le mieux établir un hôpital. Cela ne faisait guère notre affaire et j'ai fini par choisir le Lycée.

Le Lycée de Vendôme est, vous le savez peut-être, une ancienne abbaye immense. Nous avions donc toute la place nécessaire pour isoler, au besoin, nos malades atteints de maladies contagieuses, sans nuire au service des blessés, ce qui était un précieux avantage.

Je suis ensuite revenue à Tours pour rassembler un matériel d'ambulance aussi considérable que possible. J'ai trouvé beaucoup à la Société de secours aux blessés et beaucoup aussi à la Société anglaise, qui nous a été d'un grand secours en nous fournissant de matériel médical, d'appareils et de linge. Tout ce qu'il était possible de donner, on nous l'a donné. Ainsi munie, je suis repartie pour Vendôme et j'ai commencé à installer l'ambulance dans le Lycée.

Au cours de ce voyage, de Tours à Vendôme, je me trouvais en wagon en compagnie d'un Monsieur qui me paraissait appartenir à une administration militaire quelconque.

Nous n'avions pas échangé une parole, lorsque, le soir, le maire de Vendôme vint me présenter ce Monsieur, me disant qu'il était intendant militaire attaché à M. l'intendant général de la Valette ; il venait à Vendôme pour s'enquérir des besoins de la ville. Or, on avait déjà tiré sur le train qui nous avait ramenés et je ne pus m'empêcher de faire observer à M. Roussel qu'il était un peu tard pour venir prendre des informations de cette nature. Puis je lui dts : « Vous n'avez rien ici et vous n'avez plus le temps de rien vous procurer ; moi j'ai un matériel assez considérable ; je mettrai à votre disposition tout ce que j'ai pu réunir et, en échange, vous allez me donner de votre autorité. Nous ne savons pas ce qui peut arriver ; vous pouvez vous trouver obligé de partir et je resterais alors sans aucune force au milieu de tous nos blessés ; ce n'est pas possible. » L'intendant me remit alors une Commission très large qui me conférait en quelque sorte des pouvoirs militaires et me donnait le droit de réquisitionner... ce dont je ne me suis pas fait faute !

Comme il fallait s'organiser complètement, j'ai réquisitionné d'abord les lits militaires. On avait été jusqu'à m'offrir de faire sortir des bâtiments du Lycée le proviseur et le censeur, ainsi que toutes les personnes qui y habitaient. Je ne l'ai pas voulu, mais je les ai priés de se resserrer autant que possible, si bien que nous avons fini par nous contenter chacun d'une malheureuse petite chambre. La mienne était en même temps la salle de la pharmacie et des approvisionnements. On était tellement à court de tout, si pauvres, qu'il fallait tout rationner, tout surveiller, et j'avais parfois bien de la peine à défendre nos petites provisions.

Cette ambulance de Vendôme a parfaitement fonctionné. Ses débuts ont été marqués par un fait militaire qui est tout à l'honneur de deux médecins qui m'accompagnaient et qui sont restés avec moi pendant tout le temps de mon séjour. Ce fait, Mesdames, je tiens à vous le raconter.

On était venu nous apprendre que la ville de Châteaudun regorgeait de blessés et que l'on ne savait plus où les abriter. Deux jeunes médecins, MM. Labadie-Lagrave et Parinaud, alors internes des hôpitaux, réquisitionnèrent 60 charrettes, à Vendôme et dans les environs, et partirent à la tête de ce convoi, accompagnés de quelques infirmiers. Arrivés à Châteaudun, ils apprirent qu'il y avait 500 fusils et 20,000 cartouches cachés ; personne n'avait le courage de les emporter et les habitants étaient très effrayés sachant que, si les Prussiens découvraient ce dépôt, la ville pouvait être très durement éprouvée. Nos deux docteurs chargèrent alors 55 voitures de blessés et les ramenèrent, avec les infirmiers, jusqu'au delà des lignes françaises ; puis, une fois cette tâche accomplie, ils se dépouillent de leurs insignes de la Société de secours aux blessés, abandonnent le convoi à la garde des infirmiers, revêtent un costume de paysan et rentrent à Châteaudun où ils avaient laissé cinq voitures ; ils attendent le soir, chargent les armes et les munitions sur ces voitures, les recouvrent de paille, y placent des convalescents.... très bien portants et très résolus, ayant chacun un fusil sous la main, et se mettent en route. Ils passèrent toute la nuit à errer ; on leur avait indiqué un chemin de traverse, mais ils s'étaient perdus et s'étaient retrouvés le lendemain matin à peu près à l'endroit d'où ils étaient partis. Ils étaient peu rassurés, d'autant moins qu'ils venaient d'apercevoir de l'autre côté du Loir, pas très large en cet endroit, cinq ou six uhlans qui les regardaient passer et qui, voulant savoir ce qu'était ce petit convoi, s'apprêtaient à traverser ; ils tâtèrent la glace du pied de leurs chevaux, fort heureusement elle se rompit, ils durent rester de l'autre côté de la rive et nos deux médecins purent ramener sans encombre fusils et cartouches dans les lignes françaises. (*Vifs applaudissements*). MM. Labadie-Lagrave et Parinaud, admirablement dévoués pendant la guerre, ont été décorés de la Légion d'honneur en raison de tant de services signalés.

Rentrés à notre ambulance, ils y trouvèrent un grand nombre de blessés ; la bataille se rapprochait de plus en plus ; on se battait tout autour de nous. Les engagements avaient lieu dans la journée et le soir les blessés nous arrivaient, les uns à pied, quand ils pouvaient encore se traîner, les autres en voiture. Il nous en est arrivé ainsi jusqu'à 340 en une seule nuit. L'ambulance s'est remplie et nous avons fini par avoir 750 blessés en traitement ; à certains jours de bataille et d'encombrement nous avons pu en compter 800.

Mais hélas ! ce n'était pas encore là le plus triste ! le 15 décembre, on s'est battu autour de Vendôme et le 16 au matin les Prussiens sont entrés dans la ville, s'en sont emparé et s'y sont complètement établis. Leur premier soin a été de venir à l'ambulance et de nous demander très durement à voir leurs blessés. Nous avions, en effet, deux salles consacrées aux blessés allemands qui, naturellement, avaient été relevés sur le champ de bataille, avec les nôtres. Je n'ai pas besoin d'ajouter que nous leur avions donné exactement les mêmes soins, d'abord par un sentiment de stricte humanité et puis, je dois le dire aussi, par un sentiment de dignité pour notre pays ; je voulais que l'on fût au moins obligé de nous considérer comme généreux puisque nous n'avions pu être vainqueurs. (*Applaudissements*).

Le général allemand est entré dans ces salles, j'y suis entrée avec lui pour bien montrer que j'étais chez moi. Il les a parcourues, a questionné les blessés, puis, devenu beaucoup plus déférent, il m'a remerciée des soins qui avaient été prodigués à ses soldats. Cela était si juste et si naturel que je ne demandais pas de remerciements, à nos ennemis surtout.

A partir de ce moment, il fallut subir l'occupation et nous eûmes beaucoup à souffrir. C'était une lutte continuelle ; un médecin général était arrivé avec les troupes allemandes, il nous créait beaucoup de difficultés. Je me souviens encore qu'un jour il demande à goûter le vin. Nous lui donnons du seul vin que nous possédions, c'était le même qui servait à tout le monde. Il en boit une gorgée et me dit : « Très mauvais, ce vin ! » — « C'est celui que nous buvons, nos chirurgiens et moi, nous n'en avons pas d'autre. » — « Êtes-vous bien sûre que ce soit le même ? » ajoute-t-il. — « Je ne permets à personne de douter de ma parole. » — « C'est que je croyais que vous le trouviez assez bon pour des *ennemis* ? » — Je ne vous permets pas de prononcer ce mot ici, vos blessés ne sont plus des ennemis, mais des malades que nous soignons comme les nôtres ! » Et, comme j'étais très irritée, j'ajoutai : « Je vous défends de parler ainsi devant moi ! » (*Nouveaux applaudissements*).

Mais cela n'a pas suffi. Un jour, ce Dr Dietz a voulu faire monter dans nos salles des blessés porteurs de leurs armes. Cette fois encore, il a fallu me défendre énergiquement, lui dire que je ne permettais pas cela aux soldats français et qu'en conséquence je ne le permettrais pas davantage aux allemands ; que ses hommes étaient sous la sauvegarde de nous autres français, que nous répondions d'eux et que je ne lui reconnaissais pas le droit de douter de nous. Il fallut ainsi lutter et disputer souvent ; cependant, je dois dire qu'à la fin ce médecin allemand était devenu beaucoup plus souple et s'était beaucoup adouci.

Un soir, le 7 janvier, le bruit se répand qu'un nouveau corps d'armée va venir et la nouvelle nous en parvient à l'ambulance, où nous vivions cependant très renfermés. En effet, le 8 au matin, le médecin en chef et le général, suivi de tout son état-major, arrivent ; il était 7 heures et demie ; on vient me prévenir que tout ce monde s'installe et semble prendre possession de l'ambulance. Je me mets immédiatement dans la première cour et je vois tous ces hommes prenant en effet leurs dispositions pour s'établir. Un soldat allemand, sous la surveillance d'un officier, était occupé, à la porte donnant sur la rue, à poser de grandes affiches rédigées en langue allemande. (Royaume de Prusse, IIIe corps d'armée, Feld lazareth n° 5, etc., etc.), et prêt à arborer, au dessus de l'entrée, un drapeau prussien placé à côté de lui. Je ressentis, comme vous le pensez, une profonde émotion ; j'allai droit à l'officier et je lui intimai l'ordre de faire retirer immédiatement ses affiches. Cet homme reste stupéfait ; il me montre le groupe formé par le général et son état-major et me fait comprendre que tout cela ne le regarde pas. Je m'avance alors vers le général qui, de loin, suivait cette scène des yeux, et je lui dis : « Je viens de donner l'ordre d'enlever vos affiches et je ne permettrai pas que l'on arbore ici le drapeau prussien ! » Il me regarde d'un air très étonné ; je continue : « Nous avons recueilli ici vos blessés et nous les avons soignés comme les nôtres ; nous continuerons, mais nous entendons rester dans une ambulance française et nous ne passons pas dans une ambulance allemande. » — « Eh Madame, me répond-il, nous sommes les maîtres ! » — « Dans la ville, peut-être, ici, non ! Nous sommes couverts par la croix rouge et par le drapeau français, vous n'avez le droit de toucher ni à l'un ni à l'autre. » — A dire vrai, je ne sais trop si j'étais tout à fait dans mon droit en parlant ainsi. — « S'il le faut, nous prendrons des charrettes et nous emporterons nos blessés comme nous pourrons ; mais nous ne vivrons pas, nous ne pouvons pas vivre sous le drapeau prussien ! » — (*Salve d'applaudissements*). Ces Messieurs se retirèrent alors dans une salle qui nous servait de bureau et y tinrent conseil pendant que je restai au milieu de la cour, entourée de tous ces soldats allemands qui me regardaient avec curiosité ; aux fenêtres, autour de nous, quelques employés français se demandaient ce qui allait m'arriver et moi je demeurai là attendant, le cœur brisé, et me disant que si je me retirais, tout était perdu.

La délibération dura vingt minutes, puis tous sortirent ; le général alors s'avance vers moi : « Madame, me dit-il, je sais que nous vous devons beaucoup de reconnaissance pour la façon dont vous avez soigné nos blessés et je ne voudrais pas entrer ici en vous causant un chagrin comme celui que vous paraissez ressentir. » Mais d'eux, je ne voulais pas de grâce. — Je répondis : « Je ne vous demande pas, Monsieur, de m'épargner un chagrin, je vous demande seulement de reconnaître ce qui est mon droit et ce qui est juste. » — « Vous avez raison, Madame, ajouta-t-il simplement, *c'est peut-être juste.* » Immédiatement les affiches furent enlevées, le drapeau prussien emporté et nous nous retrouvâmes, comme nous étions avant, sous le drapeau français ! (*Applaudissements répétés*).

Je respirai et je vous assure que, du fond du cœur, j'adressai de grands remerciements au bon Dieu, car je venais d'éprouver une des plus violentes émotions, assurément, que j'ai ressenties pendant toute la durée de la guerre.

A partir de ce moment, les Allemands m'ont témoigné beaucoup de déférence. Les officiers subalternes avaient été très surpris de voir ce que j'avais obtenu et cette surprise se traduisait par un certain respect pour moi, dont j'ai été fort heureuse de profiter parce que cela m'a permis de faire beaucoup de bien dans le pays. Tous les gens de la campagne à qui on enlevait leurs provisions, leurs lits et leurs couvertures, ceux chez qui on s'installait sans en avoir le droit, etc., etc., venaient à moi pour réclamer et profiter de l'autorité que j'avais prise. Je parvenais à leur faire restituer ce qu'on leur avait enlevé et j'ai pu, grâce à Dieu, rendre à ce moment quelques services.

Je vous ai dit, Mesdames, que nous avions un nombre très considérable de blessés ; or, nous n'avions pas eu le temps de nous procurer des infirmiers et j'avais dû demander à l'Intendance de détacher des mobiles de leurs régiments pour venir chez nous faire le service des salles. Ils n'étaient pas très expérimentés, mais ils montraient beaucoup de bonne volonté. Et puis, j'avais eu le bonheur de pouvoir réunir quelques religieuses ; elles sont si bonnes, si parfaites pour les malades que je ne pouvais rien souhaiter de mieux. Je n'en avais malheureusement que sept ; mais nous avons fait ensemble de bonne besogne.

Quelques jours après leur arrivée à l'ambulance, leur supérieure vint me trouver et me dit : « Madame, en présence de ce que vous faites, nous trouvons que nous ne pouvons pas vous appeler d'un autre nom que celui que nous donnons à notre supérieure ; nous vous demandons la permission de vous appeler *mère*. » Je n'ai pas besoin de vous dire quelle émotion j'ai ressentie et de quel cœur j'ai accepté, en disant que je ferais tous mes efforts pour mériter ce beau nom que je ne croyais plus jamais entendre. (*Applaudissements*).

Je l'avais cependant entendu une fois, peu de temps auparavant, et dans des circonstances bien touchantes. C'était à Metz…. je vous demande pardon, Mesdames, de revenir ainsi en arrière, mais je n'ai pas l'habitude de la parole, je n'ai pas préparé un discours et je vous livre mes souvenirs un peu au hasard, comme ils me viennent à l'esprit. (*Très bien ! Très bien ! Parlez !*)

Un jour donc, à Metz, le 7 octobre, jour de la bataille de Ladonchamps, le dernier combat livré autour de la ville, j'étais, comme on dit, allée au canon. Je l'avais entendu gronder toute la journée et comme nous n'avions pas, à ce moment, de blessés atteints bien gravement, j'étais partie avec quelques médecins pour nous rendre à Woippy, petit village qui se trouvait tout à fait sur la lisière du champ de bataille. Un grand nombre de blessés étaient couchés par terre dans les rues, il en arrivait sans cesse. Un de ces blessés se trouvait sur les marches de l'église qui, d'ailleurs, en était encombrée. Cet homme essayait de se soulever et, rien qu'à la façon dont il respirait, on jugeait immédiatement ce qu'était sa blessure — il avait reçu une balle dans la poitrine. Je m'approchai de lui ; il avait les yeux fermés et était glacé. Je l'enveloppai dans mon manteau et je l'assis pour faciliter un peu la respiration. Au bout d'un certain temps, ce malheureux ouvre les yeux, me regarde et, avec cette voix si basse qu'on l'entendait à peine, il me dit : « Maman !... » puis essayant de me serrer la main, il ajouta : « Prenez-moi ! Emmenez-moi ! » Les larmes me venaient aux yeux. Le convoi s'organise ; je monte dans la dernière voiture avec ce blessé et nous rentrons dans Metz. La nuit se passe ; ce pauvre garçon était absolument perdu. Je ne m'étais pas couchée parce que nous avions beaucoup à faire ; j'allais, je venais, toujours le pauvre soldat me suivait des yeux et chaque fois que je passais à portée de son lit il murmurait ce même mot : Maman ! — Je m'approchai enfin et je lui dis : Mon bon enfant, dites-moi pourquoi vous m'appelez maman ? — « Vous me faites tant de bien !... » — Il est impossible, je crois, d'entendre un mot plus touchant que celui-là. Le pauvre garçon est mort le lendemain. (*Emotion. — Vifs applaudissements*).

Quelques jours après, également à Metz, un autre blessé m'a dit encore un de ces mots qui vous feraient soulever des montagnes. Celui-là avait reçu une balle dans le ventre — c'est la plus horrible des blessures ! Le chirurgien m'avait déclaré qu'il n'y avait rien à espérer. Le malheureux avait des crises effroyables et, pendant une de ces crises, je lui disais : « Si vous saviez, mon pauvre enfant, comme je souffre de vous voir tant souffrir sans pouvoir vous soulager ! » — « Comment, me répondit-il, sans pouvoir me soulager !... Mais vous ne savez donc pas, vous me consolez de ma blessure ! » (*Nouveaux applaudissements*).

Ce sont là, Mesdames, de ces mots qui me donnaient une force extraordinaire !

Pour en revenir à notre séjour à Vendôme, j'aurais mille choses à vous dire, mais je ne puis pas tout vous raconter. J'ajouterai seulement aux détails que je vous ai donnés, qu'ayant un si grand nombre de blessés nous avions grand'peine à les nourrir. Quand les Prussiens se sont emparés de la ville et, naturellement aussi, de la campagne environnante, les vivres sont devenus rares et difficiles à trouver. Deux fois nous avons manqué de pain et je vous assure que j'ai passé alors plus d'une nuit blanche, me demandant avec anxiété comment je ferais pour nourrir tous nos malheureux le lendemain. Puis le typhus, la variole nous décimaient, cinq employés de la maison étaient morts dans une même semaine. Nous avons beaucoup souffert. Chacun a marché cependant sans défaillance. J'ai bien vu là que l'exemple est le premier et le plus grand des enseignements.

Au milieu de toutes ces péripéties, et de bien d'autres, nous sommes arrivés à la fin de la guerre et je voudrais vous parler encore de mes voyages en Allemagne. J'étais restée quatre mois à Vendôme. Le jour où la paix a été signée, les Prussiens ont dû partir. Le médecin en chef allemand m'a fait demander s'il pouvait, avant de se retirer, se présenter devant moi avec le personnel de l'ambulance. J'ai naturellement accepté. Ces Messieurs sont alors venus chez moi, au nombre d'une douzaine environ, en grande tenue, revêtus de tous leurs insignes ; ils se sont rangés debout autour de moi et le médecin en chef prenant la parole, m'a dit textuellement ceci : « *Madame, nous ne voulons pas quitter la France sans vous remercier, non seulement au nom de la nation allemande, mais au nom de l'humanité. Nous n'oublierons jamais que vous nous avez forcés à nous incliner également devant votre patriotisme et devant votre charité ! »* (*Longue salve d'applaudissements*).

Il était dur pour moi d'entendre de telles paroles sortir de la bouche des Allemands, mais j'en rapportais tout l'honneur à mon pays et, de cette façon, je croyais pouvoir accepter volontiers l'éloge. (*Nouveaux applaudissements*).

C'est le 22 mars, c'est-à-dire en pleine Commune, que je suis rentrée à Paris. Je suis restée quelque temps dans les ambulances de Paris et de Versailles, puis je suis partie pour une des villes frontières qui avaient été désignées pour la rentrée en France des trains sanitaires. Je ne sais si vous vous souvenez que trois .villes avaient été désignées à cet effet : Vesoul, Charleville et Lunéville. J'étais déjà à Lunéville lorsqu'on obtint les permissions de faire rentrer nos blessés par la Belgique, ce qui était plus court, de sorte que l'ambulance que j'avais préparée ne servit pas à grand chose. Elle ne fut pas tout à fait inutile pourtant. Par les quelques blessés qui passèrent d'abord par Lunéville j'appris qu'il y avait en Allemagne des mourants dans les hôpitaux et des malheureux hors d'état de supporter le voyage pour revenir en France. On me racontait, à ce sujet, des scènes déchirantes ; en voyant partir les camarades, ceux que la maladie condamnait à rester là-bas pleuraient, se lamentaient. « Nous allons mourir ici, disaient-ils ; nous ne verrons plus personne ! »

C'est alors que j'eus l'idée de passer en Allemagne. Peut-être pourrais-je obtenir pour nos malheureux plus qu'une autre, car si j'avais eu beaucoup à souffrir de la domination allemande à Vendôme, j'avais cet avantage d'être connu des Allemands, ils m'avaient vue à l'œuvre et savaient que la mission que je m'étais donnée était toute de charité. Je parlai de mon projet à la Société de secours aux blessés, dont je faisais partie ; mais on avait du monde là-bas, les services étaient, me dit-on, organisés, si bien que je me décidai à partir tout à fait de mon initiative privée, emportant, pour les distribuer, quelques secours qui m'avaient été remis par des amis et des personnes de ma famille désireuses d'envoyer un souvenir aux malheureux qui étaient encore retenus en Allemagne. Je suis arrivée à Berlin à la fin du mois d'août 1871 et j'ai trouvé à l'hôpital une quinzaine de malades très grièvement atteints. Parmi eux s'en trouvaient qui avaient été déjà ramenés des villes environnantes, notamment de Stettin. Ceux qui venaient de cette ville m'apprirent que deux de leurs camarades y étaient restés, mourants, c'est-à-dire intransportables. Le lendemain, je partais pour Stettin. Un de ces deux hommes était mort, l'autre était au plus mal ; il refusait de boire et de manger, disant : « Puisqu'il faut mourir ici, j'aime mieux mourir tout de suite ! » Je trouvais pourtant que cet homme pouvait être transporté et j'allai immédiatement chez le général von Arnoldi commandant la ville, pour lui demander la permission d'enlever ce blessé. Le général me répondit : « Ce malheureux est à l'hôpital parce qu'il est malade, mais c'est un *puni* ; c'est-à-dire que, s'il était bien portant, il serait à la forteresse avec ses camarades. » — « Comment, m'écriai-je, ses camarades ?... Nous avons donc encore des soldats français ici ? » — «Certainement ! il y en a un certain nombre,» me dit le général, et il m'en montrait la liste sur une grande feuille de papier. — « Ces hommes, ajouta-t-il, ont commis des fautes, des actes de désobéissance, ils ont suscité des rixes, étant prisonniers de guerre : ils ont été jugés et condamnés à des peines de 10 ou 15 ans de forteresse. » (*Mouvement*). — Je repris : « Je ne sais pas quels sont les usages ; ce que je puis vous demander et ce que vous pouvez faire ; mais, j'ai si grand désir d'être aussi utile que possible à mes pauvres compatriotes, je vous demande la permission de les voir ! — Le général parut très surpris, il me regarda avec étonnement et me dit qu'il ne pourrait me donner réponse que le lendemain, au sujet de mes deux demandes.

Vous pensez si je fus exacte au rendez-vous ! J'arrivai à l'heure dite et je trouvai le général beaucoup plus déférent que la veille ;

il avait écrit à Berlin et avait reçu pour moi la grâce de mon malade et la permission de visiter les prisonniers français dans la forteresse. (*Applaudissements*).

Je dois vous dire que je m'étais embarquée dans mon voyage d'Allemagne sans grandes recommandations ; j'avais seulement quelques lettres de remerciement de familles allemandes dont j'avais soigné les enfants à Vendôme et je me servais tout simplement de ces lettres (1).

Ma permission obtenue, je passai à l'hôpital pour prévenir mon blessé que je l'emmenais et, de là, je me rendis sans retard à la forteresse. J'arrive, accompagnée du commandant Bödicker, sur une plate-forme et je vois des soldats rangés en ligne, portant l'uniforme allemand ; de chaque côté, des soldats prussiens en armes. Je ne bouge pas, naturellement. Le commandant me dit alors : « Voici les prisonniers français. » — Comment ! des prisonniers français, avec l'uniforme prussien !... Quelle douleur ! — Je m'élance vers ces malheureax : « Mes pauvres enfants, combien je suis heureuse de vous voir ! » — Ils me regardent très étonnés, et me disent : « Ah ! Madame, vous parlez français ? » — Ils s'imaginaient que j'étais une personne du pays parlant français. » « Mais je suis française ! m'écriai-je, tout ce qu'il y a de plus française ! Je viens vous dire que nous ne vous oublions pas et vous serrer les mains pour nous tous ! » Je leur parlais ainsi selon les inspirations de mon cœur. Alors tous ces malheureux se prirent à pleurer et, moi-même, je sentais la parole me manquer. Cette première émotion passée, ils me disaient: « Parlez-nous de la France ? Que fait-on là-bas ? Resterons-nous longtemps ici ?.... » C'était un spectacle déchirant ! Le commandant de la forteresse se montra très convenable ; il nous fit entrer, les prisonniers et moi, dans une salle où nous pûmes causer à notre aise. Après m'être entretenue avec eux, je me rendis compte de tout le bien que je pouvais faire. Non seulement je pouvais voir les prison-

(1) Une de mes amies Mlle Marie Peiffer, bonne et dévouée, avait courageusement commencé avec moi ce premier voyage : des circonstances indépendantes de sa volonté l'ont rappelée en France.

niers qui manquaient de tout et ne pouvaient rien se procurer, je pouvais leur donner des vêtements, un peu d'argent, mais ces malheureux étaient surtout tristes et désespérés de n'avoir aucune nouvelle de leurs familles, et de songer que leurs familles étaient également sans nouvelles. Quelques uns avaient laissé au pays de vieux parents, d'autres leur femme, de jeunes enfants. ils se demandaient comment tout ce monde pouvait vivre sans eux. Je pris les noms et les adresses de toutes ces familles en promettant de leur envoyer des nouvelles et de transmettre celles que je recevrais. Ce fut alors, Mesdames, un bonheur, un concert de bénédictions dont rien ne peut vous donner une idée..... ce bonheur était si complet, si profond que, si j'avais quelque mérite, il disparaissait certainement devant la grandeur de la récompense. (*Applaudissements répétés*).

Le lendemain les médecins de l'hôpital de Stettin, avec beaucoup de bonté, organisaient pour mon malade gracié un lit dans un wagon. Je le ramenai ainsi à Berlin d'où plus tard un train sanitaire le transporta en France.

Je me renseignai alors et je sus que nous avions encore des prisonniers dans toute l'Allemagne, disséminés un peu partout. J'entrepris de les visiter et dans ce premier voyage, à Stettin, Glogau, Glatz, Neisse, Breslau, toute la Silésie, Leipzig, Magdebourg, Ehrfürt, les provinces du Rhin, etc. etc., j'allais dans chaque ville voir les prisonniers d'abord, puis je me rendais au cimetière français.

J'aurais volontiers continué ma route, mais je n'avais pas pensé, en quittant Paris, que mon voyage prendrait tant d'extension ; je croyais rencontrer seulement quelques malades et je n'avais ni disposé de mon temps, ni réuni les ressources nécessaires pour faire face à tant de besoins nouveaux. J'ai donc dû revenir à Paris pour y chercher de nouveaux subsides afin de pouvoir poursuivre ma tournée en Allemagne. Cette fois, je m'étais munie de lettres de recommandation qui ne m'ont peut-être pas été plus utiles que les premières, mais qui m'ont, du moins, permis de ne pas perdre de temps. M. de Saint-Vallier, notre ministre plénipotentiaire près de l'armée d'occupation en Lorraine, m'avait donné deux lettres : l'une de M. de Manteuffel, alors commandant de cette armée, pour les autorités allemandes, l'autre signée de lui pour M. de Stoch, alors ministre de la marine en Allemagne et qui avait précédé M. de Manteuffel dans son commandement. J'ai donc repris ma route et j'ai parcouru la Poméranie, Stettin, Dantzig, Graudenz (objet d'un touchant chapitre de M. Ludovic Halévy, dans son volume l'*Invasion*), Thorn, à la frontière de Pologne ; j'ai parcouru toute l'Allemagne, du nord au midi, de l'est à l'ouest et j'ai visité 40 à 50 forteresses ou prisons.

Les soldats qui y étaient renfermés étaient très malheureux, parce que le régime y est beaucoup plus dur que le régime français. Ce régime était d'ailleurs exactement le même pour les prisonniers (allemands, mais, par leur situation, les Français étaient évidemment plus à plaindre.

Je puis vous communiquer un relevé de quelques condamnations prononcées contre les Français civils ou militaires ; je crois qu'il sera intéressant pour vous de savoir pour quelles causes étaient punis, en général, ces malheureux. Je relève ceci dans mes notes de voyage :

COLOGNE. — *Maison de force.*

BRAQUET (Jean), 39 ans, (Saint-Bohaire. *Loir-et-Cher*). Accusé d'avoir tiré sur une patrouille, près de Blois. Condamné à dix ans, le 3 février 1871.

DESMOULINS, (Charsennes, *Haute-Loire*), meunier, 4 enfants, un fils soldat, une fille de 22 ans, toujours malade. Rixe avec des soldats prussiens. Condamné à dix ans, le 21 avril 1871, après avoir été absolument pillé.

TRÈVES. — *Prison.*

DUBOIS (Alexandre), (Rouvres, près Dommartin.) Condamné à trois ans, au mois d'avril 1871, pour coups à un soldat prussien.

Werden (*Westphalie*). — *Maison de force.*

Raby (Alexandre), (Neufchâteau, *Vosges*), 36 ans, marié, 2 enfants, boucher. A défendu son frère qui se battait avec des soldats prussiens. Condamné à quinze ans, le 6 mai 1871.

Raymond (Henri), (Orbay-l'Abbaye, *Marne*), 47 ans, marié, 10 enfants, dont l'aîné a 16 ans, carrier. Garde national dénoncé après la paix comme franc-tireur. Condamné à dix ans, le 13 mai 1871. N'a jamais tiré un coup de fusil.

Wesel. — *Forteresse.*

Tharel, (Aubigny, *Ardennes*), notaire, marié, 2 enfants. M. Tharel était capitaine de la garde nationale d'Aubigny. Interrogé à l'arrivée des troupes allemandes (octobre 1871), il a refusé d'indiquer les paysans possesseurs de fusils. Dénoncé par des officiers prussiens et condamné à mort, ces mêmes officiers ont réclamé pour lui contre cette condamnation capitale. Condamné alors à la détention sans terme fixe, M. Tharel a d'abord été interné en Allemagne, dans la maison de force de Werden, puis, il y a trois mois, il a été transféré dans la forteresse de Wesel où sa situation est bien améliorée. C'est avec beaucoup de peine que les autorités allemandes permettent de visiter ce prisonnier.

Tout cela était épouvantable ! Les enfants de ce malheureux Raymond, dont je viens de vous parler, mendiaient sur les routes.

Vous pensez, Mesdames, qu'avec un nombre aussi considérable de prisonniers, j'ai eu au retour, entre chacun de mes voyages, beaucoup à faire. Quand les familles de ces prisonniers n'habitaient pas trop loin, j'allais moi-même les visiter ; quand elles étaient trop éloignées, j'écrivais soit au maire, soit au curé de la localité, pour me renseigner. J'ai pu ainsi envoyer des secours à toutes les familles nécessiteuses, j'ai pu donner le calme et la tranquillité aux malheureux condamnés et c'est assurément là une des œuvres les plus bienfaisantes que j'aie pu accomplir.

Au cours de mon second voyage à Berlin, je reçus un jour une lettre du secrétaire de l'Impératrice d'Allemagne me demandant en son nom, d'une façon fort aimable et très délicate, d'aller la voir. On m'avait déjà beaucoup engagé à m'adresser à l'Impératrice, lorsqu'il s'était agi d'obtenir des grâces pour nos prisonniers ; mais je dois dire qu'il m'en coûtait de faire cette démarche. Je savais cependant qu'elle avait témoigné beaucoup de bonté aux soldats français. A certain moment même, il avait paru en Allemagne d'épouvantables articles de journaux dirigés contre elle, à cause de tout ce qu'elle faisait pour les Français. Je n'avais donc aucune répugnance à me présenter devant l'Impératrice Augusta, mais il m'était pénible de lui demander audience. Avec sa grande délicatesse elle l'avait compris, et c'est pour cela qu'elle prenait les devants. Je me suis rendue à son appel ; nous avons causé pendant une heure environ, et elle s'est beaucoup intéressée à tout ce que j'avais pu faire. Malheureusement j'ai eu, à ce moment, une grande déception. Je comptais sur la grâce de nos prisonniers militaires ; le conseil des ministres l'avait accordée, le décret était à la signature de l'Empereur, lorsque, le jour même où il devait être signé, arriva de France la nouvelle qu'une rixe avait éclaté entre soldats allemands et français. Deux hommes, Tonnelay et Berlin, habitant les Ardennes, avaient tué un soldat prussien ; traduits devant un tribunnal français, ils avaient été acquittés.

Quand cette nouvelle est parvenue à Berlin, l'opinion publique s'est révoltée, l'effet produit a été désastreux pour nous et la signature du décret de grâce s'est trouvée renvoyée à un avenir indéterminé. Comme je parlais de cela à l'Impératrice, elle me répondit : « La grâce n'est pas possible en ce moment ; l'Empereur lui-même voudrait l'accorder qu'il ne le pourrait pas ; l'opinion publique est trop surrexcitée. Il faut attendre et je vous promets de vous en aviser dès qu'un peu d'apaisement se produira. A ce moment, si vous pouvez revenir, revenez. Je ferai, quant à moi tout ce que je pourrai, mais, voyez-vous, je suis un peu *usée....* » Ce mot plein d'humilité était singulier, n'est-ce pas, dans la bouche de l'Impératrice. Le soir même de ma visite elle m'envoya 300 fr. pour ma bourse de secours aux prisonniers français.

J'ai oublié de vous dire que, pendant mon premier voyage à Berlin, j'avais retrouvé quelques familles des blessés que j'avais soignés pendant la guerre. On avait été fort obligeant pour moi et, voyant que j'avais obtenu beaucoup d'adoucissements au sort des prisonniers, on m'avait engagée à m'occuper des grâces.

Je n'avais pas voulu le faire tout d'abord, ne sachant pas si le Gouvernement français avait ou non engagé des négociations dans ce but. S'il l'avait fait, il n'eût pas été correct de me mettre à la traverse. Rentrée à Paris, j'avais vu le Ministre de la Guerre M. de Cissey, et le Ministre des Affaires étrangères, M. de Rémusat, et je leur avais parlé de l'avis qui m'avait été donné. Ces Messieurs me répondirent qu'ils allaient en parler en Conseil des Ministres. Peu de temps après, je fus appelée à Versailles et le Ministre de la Guerre me dit : « Partez, voyez ce que vous pourrez obtenir ; nous, nous n'obtenons rien. Ne vous occupez pas de nous, agissez suivant votre inspiration, nous vous serons reconnaissants de tout ce que vous pourrez faire. » — « J'y consens, mais à cette condition que, sortie de votre cabinet, je ne vous connais plus ; si j'obtiens quelque chose, se sera uniquement parce que les Allemands savent que je me suis vouée à une œuvre de charité dégagée de toute attache officielle. » Ce fut entendu, et il fut convenu aussi que je n'adresserais pas mes lettres au Ministre, mais à l'un de ses officiers d'ordonnance (Capitaine Brunet) sans aucune désignation militaire. C'est alors que je m'occupai de cette question des grâces et j'ai eu le grand bonheur de contribuer à les obtenir.

Dans un de mes voyages j'avais aussi entendu parler d'une chose excellente qui avait été faite en Allemagne et qui pouvait nous rendre les plus grands services. On recevait continuellement, à Paris, à Versailles, au Ministère, à la Société de secours aux blessés, des demandes de renseignements sur les soldats qui avaient disparu et dont on n'avait aucune nouvelle. Il y avait là une question extrêmement grave, car il était impossible d'établir l'état-civil. Or, j'avais appris qu'un travail avait été fait en Allemagne, concernant tous les Français qui, depuis le commencement de la guerre, étaient entrés, soit dans les ambulances, soit dans les prisons allemandes et qui en étaient sortis guéris ou morts. C'était un document des plus précieux. J'en parlai au Ministre de la guerre qui me dit : « Il faudrait tâcher d'obtenir une copie de ce travail ; nous sommes assaillis de demandes, et la communication de cette statistique nous rendrait les plus grands services. »

J'avais reçu entre autres, de mon côté, la lettre suivante :

« Madame, la personne de qui vous recevez la présente lettre
» est une malheureuse veuve qui pleure depuis longtemps un
» enfant dont elle ignore le sort, malgré les recherches nombreuses
» qu'elle a faites pour le découvrir, mort ou vivant. Enfin, Madame,
» un militaire revenant de Prusse m'a donné votre adresse, me
» disant que vous aviez fait une liste de tous les malheureux
» prisonniers français que vous aviez pu découvrir. Ainsi, bonne
» Madame, si vous aviez le nom de mon pauvre enfant, je vous
» en supplie, répondez-moi, et si Dieu permet que vous me le
» fassiez trouver, vous pourrez dire que vous aurez fait une grande
» action dont Dieu vous tiendra compte, car je ne pourrai que
» vous bénir de loin et prier ma vie entière pour vous. Je suis
» trop malheureuse, ayez pitié de moi ! .

» Votre très humble... etc.

» Veuve Faure, à Châlons (Isère).

» Voici le nom de mon fils :

» Étienne Faure, au 55ᵉ de ligne, 1ʳᵉ compagnie des prisonniers
» de guerre, à Ulm, fort 12 (Wurtemberg). »

J'avais immédiatement écrit à M. le Dʳ Wrede, sous la direction de qui s'était fait le travail dont je viens de vous parler. M. Wrede portait le titre de : Chef du département français au Comité central allemand de secours aux soldats malades ou blessés sur le champ de bataille ; Membre du Comité allemand de secours aux prisonniers de guerre ; Membre d'honneur des hospitaliers d'Afrique (blessés, veuves, victimes de la guerre) à Alger.

Je viens de vous lire la demande que j'avais reçue, voici la réponse qui me fut transmise :

« Etienne FAURE, *né à Labon (Allier), soldat au 55° de ligne, est mort à Ulm, le 1er juin 1871 à 4 heures 1/4 de l'après-midi, d'une fluxion de poitrine, au lazaret de Schulerplazle. Il a été enterré le 3 juin, à 3 heures de l'après-midi, dans le cimetière de cette ville, avec les honneurs militaires.* » Vous voyez que ces renseignements étaient parfaitement complets et établissaient l'état-civil exact. Je demandai communication de ce travail ; il me fut répondu que c'était un document beaucoup trop important pour qu'il fût possible d'en délivrer une copie. Onze employés, paraît-il, occupés du matin au soir pendant un an, avaient établi ce travail. J'étais absolument désolée de ce refus et des résultats qu'il entraînait.

Lorsque mon troisième voyage en Allemagne fut décidé (ce dernier voyage fut fait au nom du Gouvernement et de la Société de secours aux blessés) le Gouvernement me pria, ainsi que je viens de vous le dire, de chercher à obtenir tout ce que je pourrais du travail en question, les demandes de renseignements étaient devenues de plus en plus nombreuses et pressantes et l'on ne savait comment y répondre. J'eus alors une idée qui, à ce moment, pouvait paraître originale. Je dis aux ministres qu'il me semblait qu'avec la croix de la Légion d'honneur, il serait possible d'obtenir ce travail. MM. de Rémusat et de Cissey doutaient qu'un Allemand pût rechercher la Légion d'honneur. Je persistai dans mon opinion. En effet le Chef du bureau dans lequel avait été dressée cette statistique avait laissé échapper ces paroles devant moi : « Je me suis donné beaucoup de peine et, quand j'ai voulu obtenir quelque chose, on m'a répondu : Nous ne vous devons pas de récompenses ; vous n'avez travaillé que pour les Français. »

J'arrivai si bien à persuader MM. les Ministres que, le jour où j'allais prendre congé d'eux, ils me dirent : « Faites ce que vous voudrez, nous vous donnons *carte blanche*. Seulement, soyez prudente... Donnant, donnant ; ne vous avancez pas trop. » C'est dans ces conditions que je suis partie ; arrivée à Berlin, j'ai ouvert les négociations et, dix jours après, j'avais le grand bonheur de pouvoir envoyer à Versailles le travail original, complet. (*Vifs applaudissements*). Or, ce travail se composait de 59,500 fiches individuelles rangées alphabétiquement dans des boîtes numérotées elles-mêmes, se rapportant à tous les prisonniers français ayant passé par les hôpitaux militaires ou ambulances allemandes jusqu'à guérison ou décès, plus deux registres contenant environ 10,000 *noms*, travail fait avant que le système des fiches fût établi.

Je m'étais si fort engagée, j'avais fait de telles promesses que j'écrivis par le même courrier, au Ministre, que je ne pouvais quitter Berlin sans avoir reçu l'avis officiel de la promotion de M. le Dr Wrede au grade de Chevalier de la Légion d'honneur. Or, comme je voulais y séjourner le moins de temps possible, je demandai qu'on me l'expédiât sans retard. L'avis me fut adressé par retour du courrier.

Ce qu'avait fait le Dr Wrede était énorme. Pour vous en donner une idée encore, je vous dirai que son bureau recevait toutes les lettres qui venaient de France ; il est arrivé ainsi 60,000 demandes de renseignements auxquelles il a été répondu ; les lettres arrivant de la France pour les prisonniers ont été au nombre de 150,000. Il y a eu, d'autre part, 36,000 lettres de prisonniers expédiées en France. Dans beaucoup de cas, les recherches à faire pour pouvoir répondre aux demandes entraînaient une correspondance très étendue ; ce fut donc un très grand bonheur pour nous de trouver ce document qui nous permit d'établir l'état-civil de tous les disparus, et un tel service ne pouvait être trop chèrement payé.

L'heure s'avance, Mesdames, et je ne voudrais pas abuser de vos moments ; je tiens seulement à vous dire, que je revis encore l'Impératrice d'Allemagne. Elle m'avait fait promettre de la voir à chacun de mes passages en Allemagne.

Je me rendis près d'elle à Bade ; c'était à la fin de mon

troisième voyage ; je rentrais en France ; j'étais très fatiguée et très malade, mais j'avais cru devoir m'arrêter pour savoir où en était la question des grâces pour les prisonniers civils qui restaient encore en Allemagne, les prisonniers militaires avaient été graciés. Ces prisonniers civils étaient les plus malheureux car ils étaient renfermés dans les maisons de force et condamnés aux travaux forcés. De plus, il était beaucoup plus difficile de les visiter ; il fallait une autorisation du Ministre de l'Intérieur, et cela exigeait des démarches très compliquées. L'Impératrice me montra la demande de grâce qu'elle adressait au Conseil des Ministres, mais elle ne put rien obtenir. C'est pour moi, Mesdames, un devoir de le répéter ici, elle a été bonne pour la France, et nous lui devons tous un souvenir reconnaissant.

Ce même jour, 5 juin 1872, elle me retint deux heures et me parla tout le temps de la France. Elle pleurait très sincèrement sur les malheurs de notre pays et me disait : « J'aime tant la France ! J'étais si heureuse de venir tous les ans ici, à Bade, et de me sentir près de la France ! Et maintenant je m'en sens si loin !... » Enfin, au moment de nous séparer, elle me dit : « je voudrais qu'il y eût un lien entre vous et moi, si petit qu'il soit. » En parlant ainsi, elle regardait autour d'elle quand, tout à coup, elle se souvint qu'elle avait au cou cette croix rouge que je porte aujourd'hui ; elle l'enlève, l'attache à mon vêtement et me dit : « Cette croix n'a aucune valeur, sans cela je ne me permettrais pas de vous l'offrir ; mais c'est la croix sous laquelle nous avons marché ensemble..... je ne sais si je dois dire la fin, parce que ce n'est guère modeste.... (*Oui ! Parlez !*)... et sous laquelle vous avez donné de si grands exemples. » (*Salve d'applaudissements.*)

Il m'est bien impossible, Mesdames, de tout vous dire, je ne puis faire tenir dans le cadre de cette causerie les événements qui ont rempli ces deux années de ma vie consacrées entièrement au service de notre pays. En effet, j'ai quitté Paris au mois de juillet 1870 ; je n'y suis rentrée définitivement, après la campagne et mes trois voyages accomplis, je n'y suis rentrée qu'au mois de juin 1872 ! Mille souvenirs intéressants se pressent dans mon esprit, mais je ne veux pas, je le répète, abuser de votre temps. J'ai pu déjà vous montrer, je l'espère, le bien qu'on peut faire — et vous pourriez plus que moi, étant préparées, tandis que je ne l'étais pas, — avec l'amour de la charité, l'amour profond de son pays. (*Longue salve d'applaudissements*).

M. le Dr DUCHAUSSOY. — Mesdames, pour la première fois, je vous demande la permission de ne pas exprimer vos remerciements à l'orateur ; je la prie d'agréer mes excuses, mais je ne trouve, dans la langue française, aucune expression qui soit à la hauteur de l'admiration qu'elle nous a inspirée. (*Vifs applaudissements*).

Pourtant à défaut de remerciements, j'ai une prière à lui adresser. Je lui demanderai, si des jours de malheur venaient à reparaître, de vouloir bien se mettre à notre tête ; je puis dire, rappelant le mot du héros de Corneille, qu'en présence de la maladie, des blessures et de la mort,

    « Nous apprendrons à vaincre en la regardant faire

(*Applaudissements répétés*).

AMIENS. — IMPRIMERIE DELATTRE-LENOEL.

www.ingramcontent.com/pod-product-compliance
Lightning Source LLC
LaVergne TN
LVHW012319050726
842524LV00004B/1492